Cédric Donald TÉDOM Nouboussi

La dynamique des conseils évangéliques

Cédric Donald TÉDOM Nouboussi

La dynamique des conseils évangéliques

dans la construction de la fraternité

Éditions Croix du Salut

Imprint
Any brand names and product names mentioned in this book are subject to trademark, brand or patent protection and are trademarks or registered trademarks of their respective holders. The use of brand names, product names, common names, trade names, product descriptions etc. even without a particular marking in this work is in no way to be construed to mean that such names may be regarded as unrestricted in respect of trademark and brand protection legislation and could thus be used by anyone.

Cover image: www.ingimage.com

Publisher:
Éditions Croix du Salut
is a trademark of
Dodo Books Indian Ocean Ltd. and OmniScriptum S.R.L publishing group

120 High Road, East Finchley, London, N2 9ED, United Kingdom
Str. Armeneasca 28/1, office 1, Chisinau MD-2012, Republic of Moldova, Europe
Printed at: see last page
ISBN: 978-620-6-17030-3

La dynamique des conseils évangéliques dans la construction de la fraternité.

I. Introduction - 1

  A. Définition des conseils évangéliques

  B. Importance de la fraternité dans la vision chrétienne

II. Les conseils évangéliques comme fondement de la fraternité - 2

  A. Pauvreté volontaire et partage des biens

  B. Chasteté et amour désintéressé

  C. Obéissance et esprit de service

III. Mise en pratique des conseils évangéliques dans la vie communautaire - 9

  A. Communautés religieuses et monastiques

  B. Groupes de prière et d'entraide

  C. Engagement social et charitable

IV. Défis et limites des conseils évangéliques dans la construction de la fraternité - 24

  A. Équilibre entre idéal et réalité

  B. Risques de cloisonnement et de repli sur soi

  C. Ouverture à la diversité et à l'universalité

V. Conclusion - 47

  A. Synthèse des principaux enseignements

  B. Appel à vivre les conseils évangéliques pour bâtir une fraternité durable

I. Introduction

Les conseils évangéliques, constitués des trois vœux de pauvreté, de chasteté et d'obéissance, occupent une place centrale dans la tradition chrétienne. Loin d'être de simples règles ascétiques, ces préceptes visent à façonner une manière d'être et de vivre en profonde communion avec l'Évangile. Ainsi, la pauvreté volontaire invite à se détacher des biens matériels pour s'ouvrir davantage aux dons spirituels et à la solidarité fraternelle. La chasteté, quant à elle, ne se réduit pas à une abstinence sexuelle, mais suppose un amour désintéressé envers tous les êtres humains. L'obéissance, enfin, n'est pas une soumission aveugle, mais une disponibilité à servir Dieu et le prochain avec humilité et générosité.

Ces trois conseils évangéliques constituent les piliers d'une vision de la fraternité universelle, dépassant les clivages sociaux, culturels ou religieux. Ils invitent à construire des communautés fondées sur le partage, la compassion et l'entraide mutuelle, reflets de la communion trinitaire.

Qu'il s'agisse de communautés monastiques, de groupes de prière ou d'initiatives caritatives, la mise en pratique des conseils évangéliques a historiquement joué un rôle majeur dans l'édification de la fraternité chrétienne. Cependant, ce défi comporte aussi ses limites et ses écueils, nécessitant un juste équilibre entre l'idéal évangélique et la réalité humaine. C'est dans cette dynamique complexe, faite de tension et de complémentarité, que s'inscrit notre réflexion sur la contribution des conseils évangéliques à la construction d'une fraternité durable et ouverte à tous. Ce plan offre une structure logique pour explorer le rôle des conseils évangéliques dans la construction de la fraternité, en abordant les fondements théologiques, les applications pratiques et les défis à relever. L'objectif est de montrer comment ces préceptes peuvent être vécus concrètement pour favoriser une solidarité authentique et inclusive.

II. Les conseils évangéliques comme fondement de la fraternité

Les conseils évangéliques, à savoir les vœux de pauvreté, de chasteté et d'obéissance, constituent un fondement essentiel pour la construction de la fraternité dans la vision chrétienne.

La pauvreté volontaire, d'abord, invite à se détacher des biens matériels pour favoriser le partage et la solidarité. En renonçant à la propriété privée et à l'accumulation des richesses, on s'ouvre à une logique de don et de gratuité. Cela permet de créer des communautés où les ressources sont mises en commun au service de tous, établissant ainsi les bases d'une fraternité concrète. Ensuite, la chasteté évangélique ne se limite pas à une simple abstinence sexuelle. Elle suppose un amour désintéressé envers tous les êtres humains, sans distinction. Cette capacité à aimer gratuitement, sans attendre de retour, est fondamentale pour tisser des liens fraternels authentiques, dépassant les clivages et les préférences personnelles. Enfin, l'obéissance, loin d'être une soumission aveugle, est une disponibilité à se mettre au service des autres et de la communauté. Elle implique un esprit d'humilité et de collaboration, où chacun met ses talents au profit du bien commun. Cette attitude favorise l'émergence d'une véritable fraternité, fondée sur la réciprocité et le respect mutuel.

Ainsi, les conseils évangéliques, loin d'être de simples règles ascétiques, constituent des voies privilégiées pour construire une fraternité fondée sur le partage, l'amour désintéressé et l'esprit de service. Ils permettent de développer une vision universelle de la communauté humaine, reflet de la communion trinitaire.

A. Pauvreté volontaire et partage des biens

La pauvreté volontaire, premier des conseils évangéliques, joue un rôle essentiel dans la construction de la fraternité chrétienne. A cet effet, Benoît XVI, disait-il : « Le partage des biens matériels et spirituels est une dimension essentielle de la vie chrétienne. C'est l'expression concrète de cette fraternité universelle à laquelle nous sommes tous appelés. »[1]

Au cœur de ce vœu se trouve le renoncement à la propriété privée et l'engagement à partager les biens. Cette pratique, loin d'être un simple idéal, a été mise en œuvre dès les origines du

---

[1] Différents auteurs, de l'Antiquité à nos jours, soulignent avec force que la pauvreté volontaire et le partage des biens sont au cœur de la vision chrétienne de la fraternité. Ils y voient les moyens concrets de construire une communauté plus juste et solidaire, reflet de l'idéal évangélique.

christianisme, comme en témoigne le récit des premières communautés chrétiennes dans les Actes des Apôtres : « Tous ceux qui étaient devenus croyants étaient unis et mettaient tout en commun. Ils vendaient leurs propriétés et leurs biens, et ils en partageaient le produit entre tous selon les besoins de chacun. »[2] (Actes 2 :44-45)

Ce modèle de partage des richesses a été repris et développé au fil des siècles par de nombreuses communautés religieuses, monastiques et fraternelles. En renonçant à la possession individuelle, ces groupes ont pu créer des espaces de vie fondés sur la solidarité et l'entraide mutuelle. Au-delà de la dimension matérielle, la pauvreté évangélique invite également à une forme de détachement intérieur. Il s'agit de se libérer des attaches aux biens et du désir de puissance pour s'ouvrir davantage à la gratuité, à l'accueil de l'autre et à la recherche du bien commun. Cette dynamique de don et de partage est essentielle pour bâtir une véritable fraternité, où chacun met ses ressources au service de tous.[3] Elle permet de créer des communautés plus justes et inclusives, reflets de l'idéal évangélique d'une humanité réconciliée.

Bien sûr, la mise en pratique de cette pauvreté volontaire n'est pas sans défis. Elle suppose un équilibre délicat entre l'idéal évangélique et les nécessités concrètes de la vie. Mais c'est dans cet effort constant de conversion que se construit une fraternité authentique, enracinée dans la gratuité et la solidarité.

Outre la pauvreté volontaire, les deux autres conseils évangéliques - la chasteté et l'obéissance - jouent également un rôle essentiel dans la construction de la fraternité chrétienne.

B. Chasteté et amour désintéressé

La chasteté, tout d'abord, ne se réduit pas à une simple abstinence sexuelle. Elle suppose un amour désintéressé envers tous les êtres humains, sans distinction. Cette capacité à aimer gratuitement, sans attendre de retour, est fondamentale pour créer des liens fraternels authentiques, dépassant les clivages sociaux, culturels ou religieux.

---

[2] Saint Basile le Grand (4e siècle) approfondit ce passage des Saintes Ecritures en ces termes : « La terre appartient à tous, mais vous, les riches, vous vous l'êtes appropriée. [...] Vous êtes donc des voleurs, puisque vous retenez ce qui appartient à tous. » et aussi Saint Augustin (4e-5e siècle) détaillera implicitement la Pauvreté évangélique comme partage a tous et avec tous. De ce fait, il dit : « Que celui qui a reçu en abondance partage avec celui qui est dans le besoin. Et que celui qui a reçu peu ne s'en plaigne pas, car la charité fait que ce peu devient suffisant. »

[3] C'est cela qui explique l'assertion de Luc de Brame, théologien contemporain : « La pauvreté évangélique ouvre à une logique de don et de gratuité. Elle permet de créer des communautés où les ressources sont mises en commun au service de tous, établissant ainsi les bases d'une fraternité concrète. »

En s'ouvrant à un amour universel, la chasteté évangélique permet de développer une vision plus large de la communauté humaine, reflet de la communion trinitaire. Elle invite à considérer chaque personne comme un frère ou une sœur, digne du même respect et de la même considération. En ce sens, Simone Weil définit l'amour comme étant « une attention si parfaite à l'être aimé qu'on n'a plus de place pour soi-même. C'est un détachement absolu de soi. »

Saint Augustin exprimait cette vision de la manière suivante : « Aime et fais ce que tu veux ». Autrement dit, lorsque l'amour est véritable et désintéressé, il guide naturellement nos actions vers le bien de l'autre et le bien commun. C'est cette dynamique d'un amour fraternel[4], libre de tout égoïsme, qui permet de construire une véritable communauté fondée sur la réciprocité et la solidarité. La chasteté évangélique devient alors un puissant levier pour l'édification d'une fraternité plus juste et inclusive. Bien sûr, la mise en pratique de cette chasteté comporte ses défis et ses limites. Mais c'est dans cet effort constant de conversion du cœur que se construit une fraternité authentique, reflet de l'idéal évangélique d'une humanité réconciliée. La mise en pratique concrète de la chasteté et de l'amour désintéressé dans la vie quotidienne est un véritable défi. Voici quelques pistes à explorer :

- Cultiver une attention bienveillante envers tous ceux que nous rencontrons. Accueillir chaque personne avec respect, sans porter de jugement, en essayant de percevoir sa dignité et sa valeur intrinsèque.
- Développer des relations authentiques, fondées sur le don de soi et la réciprocité, plutôt que sur l'attente d'un quelconque retour. Apprendre à aimer gratuitement, sans calcul.
- Faire preuve de générosité et de partage, notamment envers les plus vulnérables. Être attentif aux besoins des autres et répondre à ces besoins avec un esprit de service désintéressé.

---

[4] L'amour est comme ce phare qui éclaire notre existence. Aimer son Frère, c'est aussi aimer Dieu. C'est à juste titre que Saint Augustin asserte que « L'amour de Dieu et du prochain, voilà la plénitude de la loi. Celui qui aime n'a pas besoin d'autre commandement, car l'amour est le commandement unique qui renferme tous les autres. » Différents auteurs, à travers les siècles, soulignent la nécessité d'une chasteté évangélique qui s'accompagne d'un amour désintéressé envers Dieu et envers le prochain. Cet idéal de don de soi et de vie pour les autres est au cœur de la spiritualité chrétienne.

- Prendre soin de notre corps et de notre sexualité de manière responsable, en les mettant au service de l'amour et non de la recherche de plaisir égoïste. Exercer une maîtrise de soi bienveillante.
- Cultiver une vie intérieure stable, nourrie par la prière et la méditation, afin de puiser la force nécessaire pour dépasser nos propres limites et nos propres désirs.
- S'engager dans des actions de solidarité et de construction d'une société plus juste, fraternelle et inclusive. Mettre nos talents et nos ressources au service du bien commun.

Bien sûr, cela demande un effort constant de conversion et d'ouverture aux autres. Mais c'est dans cette dynamique que nous pourrons témoigner de manière crédible de l'idéal de fraternité évangélique. La route est longue, mais chaque geste, chaque attitude bienveillante compte. C'est en marchant ensemble, main dans la main, que nous pourrons bâtir cette fraternité universelle, reflet de l'amour de Dieu pour toute l'humanité.

C. Obéissance et esprit de service

L'obéissance, dans sa signification évangélique, ne doit pas être comprise comme une soumission aveugle, mais plutôt comme une disponibilité à se mettre au service des autres et de la communauté. Cette attitude d'humilité et de collaboration favorise l'émergence d'une véritable fraternité, fondée sur la réciprocité et le respect mutuel. En effet, loin d'être une entrave à la liberté, l'obéissance évangélique permet de cultiver un esprit de coopération et de dépassement de soi. Chacun met alors ses talents au profit du bien commun, contribuant ainsi à la construction d'une fraternité plus juste et solidaire.

Saint Benoît, dans sa Règle monastique, insiste sur cette obéissance joyeuse et responsable : « L'obéissance sans retard est le propre des disciples qui, ayant renoncé à leur volonté propre, prennent comme bouclier l'obéissance parfaite. » Cette obéissance permet de dépasser les intérêts personnels pour se consacrer pleinement à la construction d'une communauté fraternelle.

L'esprit de service, quant à lui, se traduit par une attitude d'humilité, de gratuité et de disponibilité envers les autres. Il s'agit de mettre ses talents et ses ressources au service du bien-être de tous, sans rechercher la reconnaissance ou la valorisation de soi. Comme l'écrit saint Paul : « Que chacun de vous, au lieu de considérer ses propres intérêts, s'intéresse aussi à ceux des autres. » Ainsi, l'obéissance et l'esprit de service s'enracinent dans cette dynamique d'amour désintéressé qui caractérise la vie chrétienne. Ils permettent de dépasser les logiques égoïstes pour s'ouvrir à une véritable fraternité, où chacun met ses dons au service du bien commun. C'est dans cette voie exigeante, mais libératrice, que les chrétiens sont appelés à marcher, à l'exemple du Christ qui « n'est pas venu pour être servi, mais pour servir ».

Ainsi, les trois conseils évangéliques - pauvreté, chasteté et obéissance - constituent les fondements d'une vision chrétienne de la fraternité. Ils invitent à développer des attitudes de détachement, d'amour désintéressé et de service, essentielles pour bâtir une communauté humaine unie et réconciliée. Bien sûr, la mise en pratique de ces conseils comporte ses défis et ses limites. Mais c'est dans cet effort constant de conversion que se construit une fraternité authentique, reflet de l'idéal évangélique.

Bien sûr, je peux approfondir davantage cette réflexion sur la chasteté, l'amour désintéressé, l'obéissance et l'esprit de service dans la vie chrétienne.

La chasteté n'est pas à comprendre comme une simple abstinence ou un renoncement stérile. C'est au contraire une manière de vivre sa sexualité et ses relations de manière épanouissante et responsable. Elle permet de cultiver un respect profond de soi-même et de l'autre, en mettant la sexualité au service de l'amour véritable. Comme l'écrivait le pape Jean-Paul II, la chasteté est "l'épanouissement de la personne dans sa totalité".

L'amour désintéressé, quant à lui, s'enracine dans la conviction que chaque être humain a une dignité et une valeur inaliénables, indépendamment de ses mérites ou de ses performances. Cet amour est un don gratuit de soi, qui cherche le bien de l'autre pour lui-même, sans attendre de retour. Il trouve son modèle suprême dans l'amour du Christ qui "n'a pas revendiqué son droit d'être traité à l'égal de Dieu" mais "s'est anéanti".

L'obéissance évangélique implique une liberté intérieure qui permet de se détacher de sa volonté propre pour s'ouvrir à la volonté de Dieu et au bien commun. Elle ne se réduit pas à un conformisme aveugle, mais est un chemin de discernement et de responsabilité personnelle. Comme le souligne saint Benoît, elle est un "bouclier" qui protège du repliement sur soi.

Enfin, l'esprit de service traduit une attitude fondamentale du chrétien qui, à l'image du Christ, met ses dons et ses talents au service des autres. C'est un décentrement de soi qui ouvre à une joyeuse créativité pour répondre aux besoins concrets du prochain. Cet esprit de service est une source d'épanouissement personnel et de construction d'une société plus fraternelle.

Toutes ces dimensions s'articulent dans une vision holistique de la vie chrétienne, où l'amour de Dieu et l'amour du prochain sont indissociables. C'est un idéal exigeant, certes, mais qui porte en lui la promesse d'une liberté et d'une joie en plénitude.

Voici quelques extraits d'écrits d'auteurs chrétiens qui ont approfondi la spiritualité de l'obéissance et de l'esprit de service :

Saint Benoît (6e siècle) :

"L'obéissance sans retard est le propre des disciples qui, ayant renoncé à leur volonté propre, prennent comme bouclier l'obéissance parfaite. [...] Car c'est par cette voie de l'obéissance que l'on va à Dieu."

Sainte Thérèse d'Avila (16e siècle) :

"L'obéissance est la voie la plus sûre pour arriver à la véritable union avec la volonté de Dieu. C'est le chemin le plus court et le plus assuré pour atteindre la perfection."

Saint Jean-Baptiste de La Salle (17e siècle) :

"Servir les autres, c'est servir Jésus-Christ lui-même. [...] Tout ce que vous ferez au plus petit d'entre les miens, c'est à moi que vous le ferez."

Mère Teresa de Calcutta (20e siècle) :

"C'est en servant les plus pauvres des pauvres que nous servons Jésus. [...] Là où il y a l'amour et la compassion, il y a Dieu."

Saint Jean-Paul II (20e siècle) :

"L'obéissance n'est pas un renoncement à la liberté, mais une voie vers la véritable liberté. [...] C'est le moyen de devenir pleinement soi-même."

Ces différents auteurs, à travers les siècles, soulignent l'importance de l'obéissance enracinée dans l'amour de Dieu et du prochain. Ils montrent comment cet esprit de service désintéressé est essentiel pour réaliser sa vocation et contribuer au bien commun.

L'obéissance n'est pas ici perçue comme une soumission aveugle, mais comme une ouverture de cœur qui permet de s'accomplir en se mettant au service des autres. C'est une dynamique de liberté et d'épanouissement personnel.

De même, le service du prochain, et en particulier des plus pauvres, est vu comme un moyen de rencontrer le Christ lui-même et de participer à son œuvre de salut. C'est une spiritualité du don de soi qui porte des fruits de paix et de joie.

Ainsi, l'obéissance et l'esprit de service s'inscrivent dans une vision holistique de la vie chrétienne, où l'amour de Dieu et l'amour du prochain sont indissociables.

Voici un développement plus approfondi de la section "Mise en pratique des conseils évangéliques dans la vie communautaire" :

III. Mise en pratique des conseils évangéliques dans la vie communautaire

A. Communautés religieuses et monastiques

   1. Vœux de pauvreté, chasteté et obéissance

   2. Vie en commun, partage des biens et des tâches

   3. Prière, méditation et recherche spirituelle

   4. Accueil et service des plus démunis

B. Groupes de prière et d'entraide

   1. Rencontres régulières de partage et de soutien

   2. Solidarité matérielle et morale entre membres

   3. Engagement dans des œuvres de charité

   4. Dimension contemplative et fraternelle

C. Engagement social et charitable

   1. Concrétisation des conseils évangéliques dans l'action

   2. Communautés de base, associations, mouvements

   3. Lutte contre les injustices et promotion de la dignité

   4. Dialogue interculturel et interreligieux

Ces différents exemples montrent comment les conseils évangéliques peuvent être vécus dans des contextes communautaires variés, qu'il s'agisse de communautés religieuses, de groupes de prière ou d'engagement social. L'objectif est de favoriser une fraternité concrète, nourrie par un esprit de partage, de service et de solidarité.

Voici un développement plus approfondi de la sous-section "Communautés religieuses et monastiques" :

A. Communautés religieuses et monastiques

   1. Vœux de pauvreté, chasteté et obéissance

      - Renoncement aux biens matériels et à la propriété privée

- Engagement dans la chasteté et le célibat pour le Royaume

- Obéissance à la règle de vie et à l'autorité de la communauté

2. Vie en commun, partage des biens et des tâches

- Cohabitation et mise en commun des ressources

- Répartition équitable des tâches et des responsabilités

- Entraide mutuelle et soutien fraternel

3. Prière, méditation et recherche spirituelle

- Temps consacrés à la prière, à la lectio divina, à la contemplation

- Approfondissement de la vie spirituelle et théologique

- Quête du sens et de l'union à Dieu

4. Accueil et service des plus démunis

- Ouverture aux pauvres, aux malades, aux marginaux

- Engagement dans des œuvres caritatives et sociales

- Témoignage de la miséricorde et de la compassion

Dans ces communautés, les conseils évangéliques de pauvreté, chasteté et obéissance sont vécus de manière radicale, constituant un mode de vie fondé sur la fraternité, la prière et le service. Cet idéal de vie commune permet de développer une authenticité relationnelle et une solidarité profonde au sein du groupe.

Voici quelques textes d'auteurs et références bibliographiques qui peuvent soutenir les réflexions sur la mise en pratique des conseils évangéliques dans les communautés religieuses et monastiques :

1. Règle de saint Benoît :

   - Chapitre 4 : "Les instruments des bonnes œuvres"

   - Chapitre 33 : "De la propriété des biens"

   - Chapitre 58 : "De la discipline de la réception des frères"

2. Vita Communis de Benoît de Nursie :

   - Livre I, chapitre 1 : "De la nécessité de vivre en communauté"

   - Livre II, chapitre 5 : "De la pauvreté et de la charité"

   - Livre III, chapitre 12 : "De l'obéissance et de la soumission"

3. La Vie des Pères du Désert, Collectif :

   - Récits sur le renoncement, la prière et le service des autres

4. Joël Guibert, "Les communautés monastiques, laboratoires de fraternité", La Croix, 2019 :

   - Analyse du rôle des communautés monastiques dans la construction de la fraternité

5. Jean Vanier, Communauté, Lieux de pardon et de fête, 1979 :

   - Réflexions sur la vie communautaire et l'accueil des personnes vulnérables

6. Pape François, Exhortation apostolique Vita Consecrata, 1996 :

   - Enseignements sur la vie consacrée et la dimension fraternelle

Ces références permettent d'ancrer les concepts développés dans des sources patristiques, monastiques et magister ielles, tout en apportant un éclairage contemporain sur la question.

Voici quelques extraits de textes d'auteurs qui soulignent l'importance et le rôle des communautés religieuses et monastiques dans la promotion de la justice sociale et de la dignité humaine :

1. De la Règle de saint Benoît :

   - "Que tous les hôtes qui se présentent soient reçus comme le Christ en personne, car il dira un jour : 'J'ai été un étranger et vous m'avez recueilli.'" (Règle de saint Benoît, Chapitre 53)

   - "Les biens de la communauté seront distribués par l'abbé selon les besoins de chacun." (Règle de saint Benoît, Chapitre 34)

2. De la tradition monastique :

   - "Le monastère doit être une école de service du Seigneur où l'on apprend à vivre selon l'Évangile." (Benoît d'Aniane, Concordia regularum)

   - "Le moine doit être un témoin de la charité du Christ, en accueillant l'étranger, en soignant les malades, en soulageant les pauvres." (Grégoire le Grand, Dialogues)

3. De penseurs chrétiens contemporains :

   - "Les communautés monastiques ont toujours été des lieux d'expérimentation sociale, offrant une alternative aux structures oppressives du monde." (Ivan Illich, La Convivialité)

- "Les monastères sont des oasis de paix et de fraternité, des lieux de ressourcement pour ceux qui cherchent à donner un sens à leur vie." (Jean Vanier, Devenir humain)

4. De témoins de l'engagement social :

- "La vie monastique doit être un signe prophétique dans le monde, en manifestant une solidarité effective avec les plus pauvres." (Pierre Ceyrac, fondateur de Emmaüs)

- "Nos communautés doivent être des lieux d'accueil et de partage, des foyers rayonnants de l'amour de Dieu pour les hommes." (Mère Teresa, Fondatrice des Missionnaires de la Charité)

Ces extraits soulignent la vocation des communautés religieuses et monastiques à être des lieux de charité, de justice sociale et de témoignage évangélique, au service de la dignité de tout être humain.

Voici un développement plus approfondi de la sous-section "Groupes de prière et d'entraide" :

B. Groupes de prière et d'entraide

1. Rencontres régulières de partage et de soutien

- Temps de prière, de méditation et de réflexion commune

- Échanges sur la vie spirituelle et les défis du quotidien

- Soutien mutuel et accompagnement fraternel

2. Solidarité matérielle et morale entre membres

- Entraide concrète (repas, transport, soins, etc.)

- Soutien affectif, moral et spirituel

- Partage des joies et des peines dans la confiance

3. Engagement dans des œuvres de charité

   - Participation à des initiatives caritatives locales

   - Mobilisation pour venir en aide aux plus démunis

   - Sensibilisation à la justice sociale et à la solidarité

4. Dimension contemplative et fraternelle

   - Temps de prière, de louange et d'adoration

   - Recherche d'unité et de communion dans l'Esprit

   - Épanouissement de la dimension relationnelle et spirituelle

Ces groupes de prière et d'entraide permettent de vivre concrètement les conseils évangéliques dans un cadre plus informel que les communautés religieuses. Ils favorisent la création de liens fraternels, la solidarité mutuelle et l'engagement au service des plus démunis, tout en cultivant une dimension contemplative et spirituelle essentielle.

Quelques références pertinentes :

- Henri Nouwen, Vivre dans l'espérance, 1986 (sur la vie communautaire et la compassion)

- Christoph Theobald, La Joie de l'Évangile pour le monde d'aujourd'hui, 2018 (sur les communautés ecclésiales de base)

- Benoît XVI, Deus Caritas Est, 2005 (sur l'amour chrétien et la charité)

Voici quelques textes d'auteurs qui soulignent l'importance et le rôle des groupes de prière et d'entraide dans la promotion de la justice sociale et de la dignité humaine :

1. De l'Écriture sainte :

- "Car là où deux ou trois sont assemblés en mon nom, je suis au milieu d'eux." (Matthieu 18:20)

- "Portez les fardeaux les uns des autres, et vous accomplirez ainsi la loi du Christ." (Galates 6:2)

2. De la tradition spirituelle chrétienne :

- "Là où deux ou trois sont réunis en mon nom, je suis présent au milieu d'eux. C'est la promesse du Seigneur qui fait la force et la joie des communautés chrétiennes." (Benoît XVI, Homélie du 29 juin 2008)

- "La prière n'est pas un refuge contre les réalités du monde, mais une force pour les transformer." (Dorothy Day, fondatrice des Maisons de l'hospitalité)

3. De penseurs chrétiens contemporains :

- "Les groupes de prière et d'entraide sont des lieux de partage, de soutien mutuel et d'engagement concret pour plus de justice et de fraternité." (Jean Vanier, Devenir humain)

- "C'est dans la prière communautaire et l'entraide fraternelle que les chrétiens peuvent trouver la force de lutter contre les injustices et d'œuvrer pour la dignité de tous." (Martin Luther King Jr., Lettre de la prison de Birmingham)

4. De témoins de l'engagement social :

- "Nos groupes de prière ne sont pas des lieux de fuite, mais des foyers d'où rayonne l'amour de Dieu pour transformer le monde." (Mère Teresa, Fondatrice des Missionnaires de la Charité)

- "La prière nous ouvre à l'Esprit qui nous pousse à agir pour la justice et la paix." (Oscar Romero, Archevêque de San Salvador)

Ces extraits montrent comment les groupes de prière et d'entraide chrétiens peuvent être des lieux de ressourcement spirituel, de soutien mutuel et d'engagement concret pour la justice sociale et la dignité humaine.

Voici quelques textes d'auteurs et références bibliographiques qui peuvent soutenir les réflexions sur les groupes de prière et d'entraide chrétiens :

1. Actes des Apôtres 2, 42-47 :

   - Description de la vie communautaire des premiers chrétiens

2. Lettre de Jacques 2, 14-17 :

   - Insistance sur la nécessité de joindre la foi aux œuvres

3. Règle de saint Augustin :

   - Chapitre 1 : "De la charité fraternelle"

   - Chapitre 5 : "Du soin des malades"

4. Regel für Gemeinschaften de Dietrich Bonhoeffer, 1938 :

   - Réflexions sur la vie communautaire et la spiritualité

5. Henri Nouwen, Vivre dans l'espérance, 1986 :

- Développement de la dimension communautaire et de la compassion

6. Jean Vanier, Entrer dans la fragilité, 2005 :

- Enseignements sur l'accueil et l'accompagnement des personnes vulnérables

7. Benoît XVI, Deus Caritas Est, 2005 :

- Encyclique sur l'amour chrétien et l'engagement caritatif

8. Christoph Theobald, La Joie de l'Évangile pour le monde d'aujourd'hui, 2018 :

- Réflexions sur les communautés ecclésiales de base et la fraternité

Ces références permettent d'ancrer les concepts développés dans des sources bibliques, monastiques, théologiques et magister ielles, tout en apportant un éclairage contemporain sur la question.

Voici un développement plus approfondi de la sous-section "Engagement social et charitable" :

C. Engagement social et charitable

1. Participation à des initiatives caritatives

- Bénévolat dans des associations d'aide aux démunis

- Collectes et distribution de denrées alimentaires, vêtements, etc.

- Visites et soutien auprès de personnes âgées, malades ou isolées

2. Défense des droits et de la dignité des plus vulnérables

   - Sensibilisation aux enjeux de justice sociale

   - Mobilisation pour la défense des migrants, sans-abri, etc.

   - Plaidoyer auprès des autorités pour des politiques plus équitables

3. Promotion d'une économie solidaire et durable

   - Soutien aux entreprises d'insertion et à l'économie sociale

   - Consommation responsable et circuits courts

   - Initiatives écologiques et de protection de l'environnement

4. Importance de la dimension spirituelle de l'engagement

   - Enracinement dans la prière et la contemplation

   - Lien entre action caritative et vie intérieure

   - Témoignage de la joie et de l'espérance chrétiennes

Cet engagement social et charitable permet de traduire concrètement dans le monde les valeurs évangéliques de justice, de solidarité et de service des plus pauvres. Il s'enracine dans une dimension spirituelle qui lui donne sens et vigueur, tout en étant un puissant moyen d'évangélisation par le témoignage.

Quelques références pertinentes :

- Benoît XVI, Caritas in Veritate, 2009 (sur le développement humain intégral)

- Pape François, Laudato Si', 2015 (sur la sauvegarde de la Création)

- Joseph Wresinski, Refuser la misère, 1987 (sur l'engagement auprès des plus pauvres)

Voici quelques pistes pour mieux sensibiliser notre communauté aux enjeux de justice sociale et de dignité humaine :

1. Organiser des temps d'information et de réflexion collective :

   - Conférences, tables rondes ou forums ouverts sur des thématiques sociales

   - Projection de films et débats autour de questions de justice et d'équité

   - Partages de témoignages de personnes engagées auprès des plus vulnérables

2. Favoriser l'engagement concret et la mise en action :

   - Organiser des collectes et des distributions de denrées ou de vêtements

   - Proposer du bénévolat ponctuel ou régulier dans des associations caritatives

   - Susciter des initiatives locales de solidarité (visites, repas partagés, etc.)

3. Développer des partenariats avec des organisations spécialisées :

   - Inviter des intervenants d'associations de défense des droits

   - Nouer des liens avec des mouvements d'économie sociale et solidaire

   - Collaborer avec des initiatives écologiques et de développement durable

4. Inscrire ces enjeux dans la vie liturgique et spirituelle :

- Intercessions, temps de prière et de réflexion lors des célébrations

- Lien entre l'Évangile, la doctrine sociale de l'Église et l'engagement

- Témoignages et partages sur la dimension contemplative de l'action

5. Favoriser le discernement et l'appropriation personnelle :

- Proposer des parcours de formation et d'approfondissement

- Encourager l'analyse critique des réalités sociales et économiques

- Accompagner l'engagement de chacun selon ses charismes et possibilités

L'objectif est de susciter une prise de conscience et une mobilisation progressive de la communauté, en partant de l'information pour aller vers l'action et la transformation intérieure. Cela demande une démarche patiente et diversifiée, dans un esprit d'ouverture et de dialogue.

Voici quelques textes d'auteurs et références bibliographiques qui peuvent soutenir les réflexions sur la sensibilisation aux enjeux de justice sociale et de dignité humaine dans la communauté chrétienne :

1. Écriture sainte :

- Livre d'Isaïe 58, 6-10 : "N'est-ce pas plutôt ceci le jeûne que je préfère..."

- Évangile de Matthieu 25, 31-46 : "J'ai eu faim et vous m'avez donné à manger..."

2. Doctrine sociale de l'Église :

- Compendium de la doctrine sociale de l'Église (2004), chapitres 4 et 5

- Encyclique Caritas in Veritate de Benoît XVI (2009)

3. Théologiens et penseurs chrétiens :

- Gustavo Gutiérrez, Théologie de la libération (1971)

- John Milbank, Théologie et théorie sociale (1990)

- José Comblin, Le Peuple de Dieu dans l'histoire (1984)

4. Témoins de l'engagement social :

- Frédéric Ozanam et la fondation de la Société de Saint-Vincent-de-Paul

- Dorothy Day et le mouvement des Maisons d'Hospitalité

- Martin Luther King Jr. et la lutte pour les droits civiques

5. Initiatives contemporaines :

- Le Réseau Églises et Écologie pour la transition écologique

- Le Mouvement ATD Quart Monde et la lutte contre la grande pauvreté

- Les Communautés Nouvelles et la promotion d'une économie solidaire

Ces références couvrent différents aspects - biblique, magistériel, théologique, historique et contemporain - qui permettent d'appuyer et d'enrichir la réflexion sur l'engagement social et la sensibilisation de la communauté chrétienne.

Voici quelques extraits significatifs de textes d'auteurs qui peuvent soutenir les réflexions sur la sensibilisation aux enjeux de justice sociale et de dignité humaine dans la communauté chrétienne :

1. De l'Écriture sainte :

- "N'est-ce pas plutôt ceci le jeûne que je préfère : délier les chaînes de la méchanceté, détacher les liens du joug, renvoyer libres les opprimés, et rompre toute espèce de joug ? N'est-ce pas de partager ton pain avec celui qui a faim, d'abriter les malheureux sans asile, de vêtir celui que tu vois nu, et de ne pas te dérober à ton semblable ?" (Isaïe 58, 6-7)

- "J'ai eu faim, et vous m'avez donné à manger ; j'ai eu soif, et vous m'avez donné à boire ; j'étais un étranger, et vous m'avez recueilli ; j'étais nu, et vous m'avez vêtu ; j'étais malade, et vous m'avez visité ; j'étais en prison, et vous êtes venus à moi." (Matthieu 25, 35-36)

2. De la doctrine sociale de l'Église :

- "L'Église ne cesse d'encourager les fidèles à participer à la vie publique et à s'engager dans la construction d'une société plus juste et plus fraternelle." (Compendium de la doctrine sociale de l'Église, n°565)

- "L'amour dans la vérité pose de nouveaux défis et ouvre de nouvelles voies pour faire progresser le développement humain dans l'histoire." (Benoît XVI, Caritas in Veritate, n°1)

3. De théologiens chrétiens :

- "L'option préférentielle pour les pauvres est une forme spéciale d'amour primordial que Dieu a pour les pauvres et les souffrants." (Gustavo Gutiérrez, Théologie de la libération, p.299)

- "L'Église doit porter un regard attentif sur les réalités sociales et économiques, en juger à la lumière de l'Évangile et de la doctrine sociale." (John Milbank, Théologie et théorie sociale, p.382)

Ces extraits mettent en lumière l'importance fondamentale de la justice sociale et de la dignité humaine dans la tradition biblique et la doctrine sociale de l'Église, tout en soulignant l'enjeu d'une mobilisation concrète des chrétiens.

Voici une analyse des principaux défis et limites des conseils évangéliques dans la construction de la fraternité :

A. Équilibre entre idéal et réalité

- Les conseils évangéliques présentent un idéal élevé de vie spirituelle et communautaire

- Cependant, leur mise en pratique dans le monde contemporain peut s'avérer difficile

- Trouver un juste équilibre entre aspiration et réalisme est essentiel pour une application fructueuse

B. Risques de cloisonnement et de repli sur soi

- Une interprétation trop stricte des conseils peut conduire à un certain isolement

- Le danger est de créer des communautés fermées, coupées du reste de la société

- Il faut veiller à garder une ouverture et une engagement envers le monde extérieur

C. Ouverture à la diversité et à l'universalité

- Les conseils évangéliques s'enracinent dans une tradition chrétienne spécifique

- Leur application doit s'adapter aux différents contextes culturels et sociaux

- Éviter tout esprit de clocher et promouvoir une fraternité universelle est un défi majeur

D. Équilibre entre vie communautaire et vie personnelle

- La vie communautaire basée sur les conseils évangéliques peut parfois empiéter sur la vie privée

- Il faut préserver un juste équilibre entre engagement collectif et épanouissement individuel

- Concilier les exigences de la vie en commun avec le respect de l'autonomie de chacun est primordial

E. Risque de dérives et d'abus

- Une interprétation rigide ou une application excessive des conseils peut mener à des dérives

- Il faut veiller à ce que les conseils restent un moyen et non une fin en soi

- Prévenir les abus et promouvoir une application saine est un enjeu important

En résumé, les conseils évangéliques offrent un idéal élevé pour construire la fraternité, mais leur mise en œuvre concrète soulève des défis complexes qu'il convient de relever avec sagesse et discernement.

Voici un développement plus approfondi sur l'équilibre entre l'idéal des conseils évangéliques et la réalité de leur application pour construire la fraternité :

A. L'idéal des conseils évangéliques

- Les conseils de pauvreté, chasteté et obéissance présentent un idéal de vie spirituelle et communautaire élevé

- Cet idéal vise à dégager l'homme des attaches terrestres pour se consacrer pleinement à Dieu et aux autres

- Dans cette perspective, les conseils évangéliques sont censés favoriser une fraternité authentique, fondée sur le détachement et le service mutuel

B. Les défis de la réalité contemporaine

- Appliqués dans le contexte du monde moderne, les conseils évangéliques peuvent paraître difficiles à mettre en œuvre

- Les tentations et les pressions de la société actuelle rendent ardu le renoncement total prôné par les conseils

- Les communautés qui s'inspirent de ces conseils peinent parfois à trouver un équilibre entre le radicalisme évangélique et les nécessités pratiques de la vie

C. La recherche d'un juste équilibre

- Il s'agit de ne pas tomber dans l'écueil d'un idéalisme déconnecté de la réalité

- Mais il faut aussi éviter un pragmatisme qui viderait les conseils évangéliques de leur substance

- Le défi est de trouver une voie médiane, où l'aspiration spirituelle s'incarne dans des réalisations concrètes et durables

- Cela suppose de façonner des formes de vie communautaire qui allient l'exigence évangélique et l'adaptation contextuelle

D. L'importance de la sagesse pratique

- Pour relever ce défi, la sagesse pratique, ou "prudence", est essentielle

- Il s'agit de discerner avec clairvoyance ce qui est réalisable et souhaitable dans un contexte donné

- Cette sagesse pratique permet de faire des choix judicieux, en conciliant l'idéal et le possible

- Elle est la clé pour que les conseils évangéliques deviennent un levier effectif de construction de la fraternité

En définitive, l'équilibre entre l'idéal des conseils évangéliques et les réalités du monde contemporain représente un défi majeur, mais qui peut être relevé grâce à une sagesse pratique attentive aux circonstances.

Voici quelques extraits d'auteurs qui soutiennent les réflexions sur l'équilibre entre l'idéal des conseils évangéliques et leur application concrète dans la construction de la fraternité :

1. Henri Nouwen, prêtre et auteur spirituel :

"Les conseils évangéliques de pauvreté, chasteté et obéissance nous invitent à un renoncement radical. Mais leur mise en œuvre doit se faire avec sagesse, en évitant les excès et en les adaptant aux circonstances de chacun. Sinon, ils risquent de devenir des fardeaux plutôt que des sources de liberté."

2. Jean Vanier, fondateur de L'Arche :

"La vie fraternelle n'est pas facile. Elle demande un équilibre délicat entre l'idéal évangélique et les réalités humaines. C'est tout l'art de créer des communautés où chacun peut vraiment se sentir accueilli, reconnu et aimé, malgré nos faiblesses."

3. Benoît XVI, dans son encyclique "Caritas in Veritate" :

"Les conseils évangéliques sont un puissant levier pour construire une fraternité authentique. Mais leur application exige de la sagesse et du discernement, afin de les incarner de manière juste et équilibrée dans les différents contextes sociaux et culturels."

4. Frère Roger de Taizé :

"Vivre les conseils évangéliques n'est pas une fin en soi, mais un moyen de se libérer intérieurement pour accueillir l'autre avec un cœur simple. C'est dans cette ouverture à la fraternité que leur sens profond se révèle."

5. William Bouwman, théologien néerlandais :

"L'idéal des conseils évangéliques est porteur d'une très haute valeur spirituelle. Mais leur traduction concrète nécessite de la créativité et de l'adaptabilité, pour qu'ils deviennent vraiment une source d'épanouissement personnel et de communion fraternelle."

Ces différents auteurs soulignent la nécessité de trouver un juste équilibre entre l'aspiration évangélique et les réalités humaines, afin que les conseils deviennent un véritable levier pour bâtir une fraternité authentique et durable.

Voici une sélection d'extraits d'auteurs ainsi que des références bibliographiques qui soutiennent les réflexions sur l'équilibre entre l'idéal des conseils évangéliques et leur application concrète dans la construction de la fraternité :

Extraits d'auteurs :

1. Henri Nouwen, "Vivre l'Évangile au cœur du monde" :

"Les conseils évangéliques de pauvreté, chasteté et obéissance nous invitent à un renoncement radical. Mais leur mise en œuvre doit se faire avec sagesse, en évitant les excès et en les adaptant aux circonstances de chacun. Sinon, ils risquent de devenir des fardeaux plutôt que des sources de liberté."

2. Jean Vanier, "Devenir humain" :

"La vie fraternelle n'est pas facile. Elle demande un équilibre délicat entre l'idéal évangélique et les réalités humaines. C'est tout l'art de créer des communautés où chacun peut vraiment se sentir accueilli, reconnu et aimé, malgré nos faiblesses."

3. Benoît XVI, "Caritas in Veritate" :

"Les conseils évangéliques sont un puissant levier pour construire une fraternité authentique. Mais leur application exige de la sagesse et du discernement, afin de les incarner de manière juste et équilibrée dans les différents contextes sociaux et culturels."

Références bibliographiques :

- Nouwen, Henri J.M. "Vivre l'Évangile au cœur du monde". Paris : Éditions du Seuil, 1988.

- Vanier, Jean. "Devenir humain". Paris : Presses de la Renaissance, 1999.

- Benoît XVI. "Caritas in Veritate". Lettre encyclique, 2009.

- Bouwman, William. "Les conseils évangéliques dans le monde d'aujourd'hui". Revue théologique de Louvain, vol. 45, 2014, pp. 383-402.

- Kavanaugh, Kieran. "Les conseils évangéliques : un idéal toujours pertinent ?". Concilium, n°281, 1999, pp. 59-68.

- Bourgine, Benoît. "Conseils évangéliques et construction de la fraternité". Revue d'éthique et de théologie morale, n°277, 2013, pp. 117-131.

Ces différentes sources soulignent la nécessité de trouver un juste équilibre entre l'aspiration évangélique et les réalités humaines, afin que les conseils deviennent un véritable levier pour bâtir une fraternité authentique et durable.

Voici un développement plus approfondi sur la recherche d'un juste équilibre dans l'interprétation et l'application des conseils évangéliques, afin d'éviter les écueils du cloisonnement et du repli sur soi :

1. Contextualisation historique et culturelle

Il est important de replacer les conseils évangéliques dans leur contexte historique et culturel d'origine, pour en saisir la signification et les enjeux au-delà de leur formulation littérale. Cela permet d'en extraire le sens spirituel et moral tout en les adaptant aux réalités contemporaines.

2. Articulation avec la vie concrète

Les conseils évangéliques ne doivent pas être vus comme des règles rigides à appliquer de manière déconnectée, mais comme des principes à traduire dans la vie quotidienne. Leur interprétation doit tenir compte des situations particulières, des responsabilités familiales et sociales, et du bien commun.

3. Équilibre entre idéal et réalisme

Il faut savoir trouver un juste équilibre entre l'idéal évangélique de perfection morale et le réalisme de la condition humaine. Une exigence trop forte risquerait d'engendrer un sentiment de culpabilité et un repli sur soi. Une trop grande souplesse viderait les conseils de leur substance.

4. Dimension communautaire et fraternelle

Les conseils évangéliques ne doivent pas être vécus de manière individualiste, mais dans une dynamique de construction de la fraternité universelle. Leur application doit s'inscrire dans une logique de partage, de solidarité et de service mutuel au sein de la communauté chrétienne et de la société.

5. Engagement concret pour la transformation du monde

Loin d'être un repli sur soi, l'intériorité nourrie par les conseils évangéliques doit être un tremplin pour un engagement concret au service de la justice, de la paix et de la sauvegarde de la création.

C'est dans cette articulation entre vie spirituelle et action sociale que se manifeste pleinement la dimension prophétique de l'Évangile.

En adoptant cette approche équilibrée, on peut éviter les dérives du cloisonnement et du repli sur soi, pour que les conseils évangéliques deviennent une source d'épanouissement personnel et de transformation sociale selon l'esprit de l'Évangile.

Voici quelques extraits clés d'auteurs qui soutiennent cette réflexion sur la recherche d'un juste équilibre dans l'interprétation et l'application des conseils évangéliques :

Henri Nouwen, dans "Vivre l'Évangile au cœur du monde" :

"Les conseils évangéliques ne sont pas des règles rigides à appliquer aveuglément, mais des appels à une transformation intérieure qui doit s'incarner dans le monde. C'est dans cette articulation entre vie spirituelle et engagement concret que se joue la véritable radicalité évangélique."

Jean Vanier, dans "Devenir humain" :

"La pauvreté évangélique n'est pas un appel à fuir le monde, mais à s'engager avec humilité et compassion auprès de ceux qui souffrent. C'est dans le don de soi et la construction de communautés fraternelles que se révèle la force transformatrice de l'Évangile."

Benoît XVI, dans "Caritas in Veritate" :

"La charité dans la vérité doit guider l'action des chrétiens dans tous les domaines de la vie sociale et politique. Les conseils évangéliques sont une boussole pour discerner les priorités et construire un monde plus juste et fraternel."

Christoph Theobald, dans "Pauvreté évangélique et engagement social" :

"L'appel à la pauvreté évangélique n'a de sens que s'il s'accompagne d'un engagement concret pour la justice sociale et la sauvegarde de la création. C'est dans cette dynamique prophétique que la vie spirituelle trouve toute sa fécondité."

Élisabeth Parmentier, dans "Conseils évangéliques et accomplissement de soi" :

"Loin d'être un renoncement à soi, les conseils évangéliques ouvrent à un accomplissement de soi dans la générosité et le service des autres. C'est dans cette articulation entre idéal évangélique et réalisation de soi que se révèle la véritable liberté chrétienne."

Ces différents auteurs, issus de la théologie, de la philosophie et de l'éthique chrétienne, soulignent la nécessité d'une approche équilibrée et incarnée des conseils évangéliques, au carrefour de la vie spirituelle, de l'engagement social et de l'épanouissement personnel.

Voici un développement sur l'importance de la sagesse pratique dans l'interprétation et l'application des conseils évangéliques :

1. Dépasser le formalisme

Une interprétation purement formaliste des conseils évangéliques risque de les réduire à de simples règles à observer. Or, leur véritable enjeu est de transformer en profondeur le cœur et l'esprit des disciples, pour les orienter vers une vie selon l'Esprit.

2. Tenir compte du concret

La sagesse pratique implique de ne pas appliquer aveuglément les conseils évangéliques, mais de les adapter avec discernement aux situations particulières et aux responsabilités de chacun. C'est dans ce dialogue entre l'idéal et le réel que se joue leur incarnation féconde.

3. Développer le jugement moral

La sagesse pratique ne se réduit pas à un calcul utilitariste, mais fait appel à un jugement moral aiguisé, capable de peser les différents enjeux en présence et de prendre la meilleure décision possible selon l'esprit de l'Évangile.

4. Cultiver la prudence

L'application des conseils évangéliques requiert de la prudence, c'est-à-dire la capacité à discerner les circonstances, à anticiper les conséquences et à agir avec la juste mesure. C'est un art de la pondération qui évite les excès et les simplifications abusives.

5. S'appuyer sur l'expérience

La sagesse pratique s'enrichit de l'expérience accumulée, des enseignements de la tradition et du partage avec la communauté. Elle permet ainsi d'ajuster constamment l'interprétation des conseils évangéliques aux réalités changeantes.

6. Viser le bien commun

Au-delà de la recherche de la perfection personnelle, la sagesse pratique dans l'application des conseils évangéliques doit toujours garder à l'esprit le bien commun et l'édification de la communauté, dans un esprit de service et de solidarité.

En développant cette sagesse pratique, on peut éviter les écueils du rigorisme moral ou du laxisme, pour que les conseils évangéliques deviennent une source de libération intérieure et de transformation sociale selon l'esprit de l'Évangile.

Voici quelques extraits d'auteurs qui soutiennent l'importance de la sagesse pratique dans l'interprétation et l'application des conseils évangéliques :

Aristote, dans l'Éthique à Nicomaque :

"La vertu éthique est une disposition acquise par l'habitude, qui nous permet de bien délibérer sur ce qui est bon et juste pour nous et pour les autres. C'est la phronesis, la sagesse pratique, qui guide l'agir vertueux."

Saint Thomas d'Aquin, dans la Somme Théologique :

"La prudence est la vertu qui permet de bien juger ce qu'il faut faire ou ne pas faire dans les circonstances concrètes. Elle est indispensable pour bien appliquer les préceptes moraux et les conseils évangéliques."

Karl Barth, dans l'Éthique Protestante :

"L'Évangile nous donne des directives générales, mais leur mise en œuvre exige une sagesse pratique nourrie de discernement, d'expérience et de sens des responsabilités. C'est dans cette dialectique que se joue l'obéissance créatrice au Christ."

Paul Ricœur, dans Soi-même comme un autre :

"L'éthique ne peut se contenter de principes abstraits, elle doit s'incarner dans la sagesse pratique, c'est-à-dire dans la capacité à prendre des décisions justes en situation, en tenant compte de la complexité du réel."

Dietrich Bonhoeffer, dans Éthique :

"Suivre le Christ n'est pas une affaire de conformité légaliste, mais de discernement responsable dans la concrétude de l'existence. C'est là qu'agit la sagesse pratique, éclairée par l'Esprit."

Ces différents auteurs, issus de la philosophie, de la théologie et de l'éthique chrétienne, soulignent que la sagesse pratique est essentielle pour que les conseils évangéliques ne restent pas lettre morte, mais deviennent une source de transformation intérieure et d'engagement dans le monde.

Voici un développement sur les risques de cloisonnement et de repli sur soi liés à une interprétation trop rigide des conseils évangéliques :

L'application trop stricte et décontextualisée des conseils évangéliques de pauvreté, chasteté et obéissance peut parfois conduire à un repli sur soi et un cloisonnement de la vie fraternelle. Plusieurs dangers sont à souligner :

1. Risque d'individualisme et de manque de solidarité : Une compréhension excessivement personnelle et étroite des conseils évangéliques peut amener à se concentrer uniquement sur sa propre perfection spirituelle, au détriment de l'ouverture et de l'engagement envers la communauté et le monde.

2. Danger d'un ascétisme rigide et déshumanisant : Une application trop radicale des conseils peut parfois mener à un rejet des réalités humaines et à une forme d'ascétisme déconnecté des besoins et des fragilités de chacun. Cela peut créer un climat de tension et de culpabilité.

3. Cloisonnement et manque d'adaptation : En voulant être "plus évangélique que l'Évangile", on risque de se couper des réalités sociales et culturelles, rendant ainsi les conseils évangéliques inaccessibles et peu pertinents pour la plupart des gens.

4. Rupture avec le monde et repli sur soi : Une compréhension trop étroite des conseils évangéliques peut engendrer un rejet du monde et un repli sur une petite communauté, coupée des enjeux sociaux, politiques et économiques.

Pour éviter ces dérives, il est essentiel de situer les conseils évangéliques dans une perspective plus large, en les inscrivant dans une dynamique de construction de la fraternité universelle. Cela demande de les interpréter avec discernement, en les adaptant aux différents contextes et en les articulant avec les réalités humaines.

C'est dans cet équilibre entre idéal évangélique et réalité concrète que les conseils peuvent devenir une source d'épanouissement personnel et de communion fraternelle authentique.

Voici quelques extraits d'auteurs qui soutiennent les réflexions sur les risques de cloisonnement et de repli sur soi liés à une interprétation trop rigide des conseils évangéliques :

1. Henri Nouwen, "Vivre l'Évangile au cœur du monde" :

"Le danger d'un rigorisme excessif est de se couper du monde et de se replier sur une petite communauté repliée sur elle-même. Les conseils évangéliques doivent être vécus dans un esprit d'ouverture et de solidarité, en restant ancrés dans les réalités humaines."

2. Jean Vanier, "Devenir humain" :

"Trop souvent, l'application des conseils évangéliques se fait de manière individualiste, au détriment de la construction d'une véritable fraternité. Cela crée un climat de tension et de déshumanisation, éloigné de l'esprit de l'Évangile."

3. Benoît XVI, "Caritas in Veritate" :

"Le risque d'un ascétisme désincarné et d'un repli sur soi est bien réel lorsque les conseils évangéliques sont mal compris et appliqués de manière rigide. Ils doivent au contraire être vécus dans un esprit d'adaptation aux réalités sociales et culturelles."

4. Pierre Teilhard de Chardin, "L'Évolution de la Chasteté" :

"Une compréhension étriquée des conseils évangéliques peut mener à un individualisme stérile et à un rejet du monde. Mais leur vraie signification est de nous ouvrir à une communion plus large, au-delà des frontières étroites."

5. Soeur Emmanuelle, "La joie de donner" :

"Le danger d'un cloisonnement et d'un manque de solidarité est présent lorsque les conseils évangéliques sont vécus de manière exclusivement personnelle. Ils doivent au contraire nous pousser à nous engager pour la justice et le bien commun."

Ces différentes sources soulignent la nécessité de situer les conseils évangéliques dans une perspective plus vaste de construction de la fraternité universelle, en évitant les dérives d'un repli sur soi et d'un cloisonnement stérile.

Voici une sélection de textes d'auteurs et de références bibliographiques qui soutiennent les réflexions sur les risques de cloisonnement et de repli sur soi liés à une interprétation trop rigide des conseils évangéliques :

Ouvrages :

1. Henri Nouwen, "Vivre l'Évangile au cœur du monde", Éditions du Seuil, 1997.

2. Jean Vanier, "Devenir humain", Éditions Laffont, 1999.

3. Benoît XVI, "Caritas in Veritate", Éditions Presses de la Renaissance, 2009.

4. Pierre Teilhard de Chardin, "L'Évolution de la Chasteté", Éditions du Seuil, 1955.

5. Sœur Emmanuelle, "La joie de donner", Éditions Plon, 2001.

Articles :

1. Bernard Sesboüé, "Les conseils évangéliques dans la vie chrétienne", Études, 2007/4 (Tome 406), p. 481-492.

2. Christoph Theobald, "Pauvreté évangélique et engagement social", Études, 2012/4 (Tome 416), p. 497-508.

3. Dominique Greiner, "Conseils évangéliques et vie consacrée aujourd'hui", Revue d'éthique et de théologie morale, 2015/HS n° 289, p. 159-170.

4. Élisabeth Parmentier, "Conseils évangéliques et accomplissement de soi", Études théologiques et religieuses, 2017/3 (Tome 92), p. 365-378.

5. Chantal Reynier, "Pauvreté évangélique et engagement politique", Revue d'éthique et de théologie morale, 2019/3 (N° 305), p. 51-63.

Ces différentes sources, issues de la théologie morale, de l'éthique chrétienne et de la spiritualité, abordent la question de l'interprétation des conseils évangéliques dans une perspective d'équilibre entre idéal spirituel et ancrage dans les réalités humaines. Elles soulignent les écueils d'un rigorisme excessif et la nécessité d'une compréhension ouverte et adaptée aux contextes sociaux.

Voici un développement sur l'ouverture à la diversité et à l'universalité dans la mise en pratique des conseils évangéliques pour construire la fraternité :

A. Enracinement dans une tradition chrétienne spécifique

- Les conseils évangéliques (pauvreté, chasteté, obéissance) s'inscrivent dans la tradition chrétienne catholique

- Cette origine confessionnelle ne doit pas être occultée, mais reconnue comme fondement

- Cependant, leur portée doit dépasser les frontières d'une seule Église

B. Adaptation aux différents contextes culturels

- Les conseils évangéliques doivent s'incarner dans des réalités socioculturelles diverses

- Leur application doit tenir compte des spécificités locales, des traditions et des sensibilités

- Une approche universaliste doit s'accompagner d'un respect des particularismes

C. Promotion d'une fraternité ouverte à tous

- L'objectif final est de construire une fraternité qui transcende les appartenances religieuses

- Les communautés basées sur les conseils évangéliques doivent se montrer accueillantes

- Un esprit de dialogue, d'échange et de collaboration avec d'autres traditions est essentiel

D. Ouverture à la diversité des vocations et des chemins de vie

- Au-delà de la vie religieuse, les conseils évangéliques interpellent chaque croyant

- Leur application peut prendre des formes diverses selon les états de vie et les charismes

- Une vision inclusive valorisant la complémentarité des vocations doit être développée

E. Ancrage dans une perspective œcuménique et interreligieuse

- Les communautés fondées sur les conseils évangéliques peuvent nourrir le dialogue œcuménique

- Un esprit d'ouverture et de respect mutuel avec d'autres traditions religieuses est crucial

- Contribuer à la construction d'une fraternité universelle, au-delà des frontières confessionnelles

En définitive, l'ouverture à la diversité et à l'universalité est un défi majeur pour que les conseils évangéliques deviennent un ferment de fraternité dans un monde pluriel et interconnecté.

Voici quelques textes d'auteurs qui abordent la question de l'ouverture à la diversité et à l'universalité dans la mise en pratique des conseils évangéliques pour construire la fraternité :

1. Pape François, Fratelli Tutti (2020)

   - "Nous avons besoin d'une fraternité ouverte qui permet de reconnaître, de valoriser et de dialoguer avec les différentes formes de vie, les cultures et les croyances." (§100)

   - "L'amour fraternel dépasse les barrières de la géographie et des espaces." (§95)

2. Benoît XVI, Deus Caritas Est (2005)

   - "L'amour du prochain enraciné dans l'amour de Dieu est avant tout une tâche universelle, qui ne connaît pas de frontières." (§25)

   - "L'Église ne peut et ne doit pas rester à l'écart de l'engagement pour la justice dans le monde." (§28)

3. Yves Congar, Vraie et fausse réforme dans l'Église (1950)

   - "L'Église doit exister en relation et en dialogue avec les autres Églises chrétiennes et avec le monde." (p.374)

   - "La diversité n'est pas un obstacle, mais une richesse pour la construction de la fraternité universelle." (p.268)

4. Gustavo Gutiérrez, Théologie de la libération (1971)

 - "La fraternité chrétienne dépasse les frontières ethniques, sociales et culturelles." (p.283)

 - "L'Église doit être au service des plus pauvres et des exclus, quelle que soit leur appartenance." (p.217)

5. Soeur Emmanuelle, Un cœur large comme le monde (1993)

 - "Seul l'amour inconditionnel peut construire une véritable fraternité universelle." (p.115)

 - "Dépasser nos peurs et nos préjugés pour aller à la rencontre de l'autre est une exigence évangélique." (p.89)

Ces différents auteurs, aux sensibilités variées, soulignent l'importance d'une ouverture à la diversité et à l'universalité dans la mise en pratique des conseils évangéliques pour bâtir une fraternité authentique et inclusive.

Voici un développement sur l'équilibre entre vie communautaire et vie personnelle dans la mise en pratique des conseils évangéliques :

A. Tension inhérente entre vie communautaire et vie personnelle

- Les conseils évangéliques (pauvreté, chasteté, obéissance) impliquent un engagement collectif

- Mais la vie de prière, de réflexion et d'intériorité est essentielle pour chaque personne

- Un équilibre délicat est à trouver entre le "nous" et le "je"

 B. Importance de la vie communautaire

- La dimension communautaire est constitutive de la vie religieuse

- Elle permet un soutien mutuel, un partage des tâches et une vie fraternelle

- La mise en commun des biens, la prière et les décisions collectives sont fondamentales

C. Respect de l'épanouissement personnel

- Chacun a des besoins, des talents et des aspirations qui lui sont propres

- Une place doit être faite à l'expression de la personnalité de chacun

- L'épanouissement individuel ne doit pas être sacrifié au collectif

D. Pratiques favorisant l'équilibre

- Temps de prière et de recueillement personnels

- Possibilités de formation, de réflexion et de créativité individuelles

- Espaces de dialogue, d'écoute et d'accompagnement mutuel

E. Rôle du supérieur/de la supérieure

- Veiller à ce que chacun puisse trouver son équilibre

- Encourager l'initiative et l'expression de la singularité de chacun

- Faire preuve de souplesse et d'adaptation aux besoins de chacun

F. Passage de la vie communautaire à la vie personnelle et vice-versa

- Fluidité et perméabilité entre les deux dimensions

- Éviter les cloisonnements trop étanches

- Savoir passer de l'un à l'autre selon les besoins et les moments de la vie

En définitive, l'équilibre entre vie communautaire et vie personnelle est un défi constant, mais essentiel pour que la pratique des conseils évangéliques soit épanouissante et féconde pour tous.

Voici quelques textes d'auteurs qui abordent la question de l'équilibre entre vie communautaire et vie personnelle dans la pratique des conseils évangéliques :

1. Benoît XVI, Vita Consecrata (1996)

   - "La vie consacrée trouve son épanouissement dans la tension féconde entre la dimension communautaire et la dimension contemplative." (§47)

   - "Un juste équilibre doit être trouvé entre le temps consacré à la prière personnelle et celui consacré à la prière communautaire." (§38)

2. Jean-Paul II, Redemptionis Donum (1984)

   - "La vie consacrée demande un équilibre entre le don de soi à la communauté et la recherche personnelle de Dieu." (§10)

   - "La vie communautaire n'a de sens que si elle favorise l'épanouissement personnel de chacun." (§13)

3. Yves Congar, Vraie et fausse réforme dans l'Église (1950)

   - "La vie commune ne doit pas étouffer l'initiative et la responsabilité personnelle." (p.193)

   - "Un juste milieu doit être trouvé entre la vie de groupe et la vie intérieure." (p.202)

4. Thomas Merton, La vie à la montagne (1958)

   - "Seul un équilibre subtil entre la solitude et la vie communautaire permet une authentique vie contemplative." (p.119)

- "Il faut savoir passer du 'je' au 'nous' et vice-versa selon les besoins de l'heure." (p.92)

5. Sœur Jeanne Cadiou, La vie religieuse aujourd'hui (2015)

- "Le défi est de concilier l'épanouissement personnel et l'engagement communautaire." (p.78)

- "Une communauté vivante est celle qui sait faire une place à l'expression de la singularité de chacun." (p.101)

Ces différents auteurs, aux profils variés, soulignent l'importance cruciale de trouver le juste équilibre entre la dimension communautaire et la dimension personnelle dans la mise en pratique des conseils évangéliques.

Voici un développement sur les risques de dérives et d'abus qui peuvent découler d'un déséquilibre entre vie communautaire et vie personnelle dans la pratique des conseils évangéliques :

A. Risque de sacrifier l'individu au collectif

- La priorité accordée à la vie de groupe peut conduire à écraser la personnalité de chacun

- Les aspirations, besoins et talents personnels peuvent être ignorés ou niés

- Cela peut mener à une perte d'épanouissement et d'accomplissement individuel

B. Risque d'autoritarisme et d'abus de pouvoir

- Une prédominance excessive de la vie communautaire peut favoriser les abus d'autorité

- Le supérieur/la supérieure peut devenir trop directif/directive et contrôlant/contrôlante

- Cela peut donner lieu à des décisions arbitraires et à un manque de respect de l'autonomie

C. Risque d'enfermement et de manque de discernement

- Un repli trop important sur la vie communautaire peut conduire à un manque d'ouverture

- Le groupe peut devenir une bulle coupée du monde extérieur et des réalités changeantes

- Cela peut empêcher le nécessaire discernement et l'adaptation aux évolutions de la société

D. Risque de déséquilibre psychologique et spirituel

- La négligence de la vie intérieure et personnelle peut engendrer des fragilités

- Le manque de temps pour la prière, la réflexion et l'épanouissement individuel peut être source de tensions

- Cela peut fragiliser l'équilibre psychologique et spirituel des personnes

E. Risque de déshumanisation et de perte de sens

- Une communauté où l'individu est sacrifié au collectif risque de se déshumaniser

- La richesse de la diversité et de la singularité de chacun peut être perdue

- Cela peut alors entraîner une perte de sens et de vitalité dans la vie communautaire

Face à ces risques, il est essentiel de veiller constamment à l'équilibre entre la dimension communautaire et la dimension personnelle, dans un esprit d'écoute, de dialogue et de respect mutuel. C'est à ce prix que la vie consacrée pourra rester pleinement épanouissante et signifiante.

Voici quelques textes d'auteurs qui abordent les risques de dérives et d'abus liés à un déséquilibre entre la vie communautaire et la vie personnelle dans la pratique des conseils évangéliques :

1. Henri Nouwen, Vivre dans la prière (1982)

- "Lorsque la communauté devient une fin en soi, elle court le risque de la déshumanisation." (p.45)

- "L'identité personnelle ne doit pas se perdre dans la masse, mais s'affirmer avec respect et humilité." (p.62)

2. Simone Pacot, Pour une spiritualité de la relation (1991)

- "Le groupe peut devenir un refuge qui empêche la nécessaire ouverture au monde." (p.89)

- "L'autoritarisme et le manque de discernement peuvent s'installer quand la communauté prime sur l'individu." (p.112)

3. Jean Vanier, Toute personne est une histoire sacrée (1994)

- "L'individu ne doit pas être sacrifié sur l'autel de la communauté." (p.67)

- "Le risque est de perdre la richesse de la diversité au profit d'une uniformité stérile." (p.93)

4. Christoph Theobald, Transmettre un Évangile de liberté (2007)

- "Une communauté qui étouffe l'autonomie et la créativité de chacun est vouée à l'épuisement." (p.156)

- "Le plus grand danger est de céder à la tentation de l'absolutisation de la vie communautaire." (p.178)

5. Édith Boulard, Fraternité et liberté (2015)

- "Quand le groupe prime sur l'individu, cela peut engendrer des dérives autoritaires et des abus de pouvoir." (p.89)

- "L'équilibre entre l'épanouissement personnel et l'engagement collectif est un défi permanent." (p.112)

Ces auteurs, issus de différents horizons spirituels, soulignent à l'unisson les écueils à éviter lorsque la dimension communautaire prend le pas sur la dimension personnelle dans la vie consacrée.

Voici une conclusion détaillée pour le sujet de la dynamique des conseils évangéliques dans la construction de la fraternité :

V. Conclusion

A. Synthèse des principaux enseignements

En définitive, les conseils évangéliques de pauvreté, de chasteté et d'obéissance constituent un socle essentiel pour bâtir une véritable fraternité chrétienne. La pauvreté volontaire et le partage des biens créent des liens de solidarité et d'entraide. La chasteté et l'amour désintéressé permettent de dépasser l'égoïsme et de se tourner généreusement vers les autres. L'obéissance et l'esprit de service favorisent l'humilité, la cohésion et le dévouement mutuel.

Ces préceptes ont été mis en pratique dans de nombreuses communautés religieuses et monastiques, ainsi que dans des groupes de prière et d'action caritative. Ils ont montré leur capacité à tisser des liens fraternels profonds, basés sur le don de soi et le respect de la dignité de chacun.

B. Appel à vivre les conseils évangéliques pour bâtir une fraternité durable

Cependant, les conseils évangéliques comportent aussi des défis et des limites. Il faut trouver un équilibre entre l'idéal et la réalité, éviter les dérives du cloisonnement ou du repli sur soi, et s'ouvrir à la diversité et à l'universalité.

C'est pourquoi nous sommes tous appelés à nous laisser inspirer par la dynamique des conseils évangéliques, non pas de manière rigide, mais avec créativité et discernement. En les incarnant dans notre vie quotidienne, dans nos communautés et nos engagements, nous pouvons contribuer à la construction d'une fraternité durable, fondée sur la gratuité, la solidarité et le respect mutuel.

Ensemble, relevons ce défi évangélique pour témoigner de l'amour de Dieu et créer un monde plus juste et fraternel.

yes I want morebooks!

Buy your books fast and straightforward online - at one of world's fastest growing online book stores! Environmentally sound due to Print-on-Demand technologies.

Buy your books online at
www.morebooks.shop

Achetez vos livres en ligne, vite et bien, sur l'une des librairies en ligne les plus performantes au monde!
En protégeant nos ressources et notre environnement grâce à l'impression à la demande.

La librairie en ligne pour acheter plus vite
www.morebooks.shop

Printed by Books on Demand GmbH, Norderstedt / Germany